Lisa Sofie Mros

Herz im Kopf

16 Poetry-Slam-Texte

zwischen Gedankenkarussell und Gefühlsstürmen

Und egal, wie schnell du rennst,
dein Herz, das kennt
kein Tempolimit auf Gefühlsautobahnen
und verbrennt
viel lieber auf dem Seitenstreifen.
Kennt nur eine Strategie,
und die lautet:

"Alter Schmerz, my dear, der heilt nie!"

(Aus: *I don't wanna dance*)

In ihrem vierten Buch *Herz im Kopf* nimmt uns Lisa Sofie Mros mit auf eine Reise dorthin, wo Herz und Verstand aufeinandertreffen – zwei Kräfte, die oft als Gegensätze verstanden werden und doch nur zusammen ihre wahre Stärke entfalten. Die 16 Poetries erzählen von Liebe, Sehnsucht, Schmerz und Hoffnung – ehrlich, direkt und mitten aus dem Leben. Worte, die zum Innehalten einladen und daran erinnern, was es heißt, wirklich zu fühlen. Und vielleicht finden wir uns selbst in diesen Zeilen wieder, irgendwo zwischen dem ersten Herzklopfen und dem letzten Punkt – an einem Ort, der uns näher zu uns selbst bringt.

Lisas Vision: Mit *Herz im Kopf* lädt sie uns ein, das Leben zu spüren – in all seiner Pracht, mit all seinen Ecken und Kanten. Es braucht Mut, sich dem Fühlen hinzugeben, und eine klare, ruhige Perspektive, um dabei nicht zu vergessen, wer wir wirklich sind. Dieses Buch ist für all diejenigen, die bereit sind, das Leben als Geschenk zu sehen – als das, was es ist: unkontrollierbar, wild, manchmal schwer, aber immer darauf wartend, Tag für Tag mehr von uns entdeckt zu werden.

Bereits von Lisa bei Books on Demand erschienen sind:

- „A Journal Love" (2020)
- "We are all just walking each other home" (2021)
- "Zurück zu mir" (2022)

Lisa Sofie Mros wurde 1986 geboren und wuchs in der Nähe von Hannover auf. Ihre Reise führte sie über das Studium der Sprach-, Literatur- und Geschichtswissenschaften in Braunschweig, hinein in mehr als 20 Jahre Erfahrung im Rundfunk, Zeitungs- und Verlagswesen sowie in der Öffentlichkeitsarbeit. Heute arbeitet sie im Marketing eines großen Audio-Unternehmens in Hamburg. Doch das ist nicht alles: Als Mentorin für Conscious Communication begleitet sie Menschen, Marken und Unternehmen auf ihrem Weg zu einer authentischen, kraftvollen Außendarstellung.

Lisas große Leidenschaft ist die Kommunikation – die Kunst, Sprache zu nutzen, um zu verbinden, zu heilen und zu inspirieren. Diese Vision lebt sie in ihrem Poetry-Projekt und als freiberufliche Kommunikationsexpertin.

Lisas Poetry-Slam-Bücher findest du online und überall, wo es Bücher gibt.

Mehr über Lisas Arbeit als Conscious Communication Mentorin erfährst du auf ihrer Webseite und auf Instagram:

www.lisasofiemros-communications.com

www.instagram.com/lisasofie.mros

Lisa Sofie Mros

Herz im Kopf

16 Poetry-Slam-Texte zwischen

Gedankenkarussell und Gefühlsstürmen

Mit Illustrationen von Canva

Dieses Buch ist auch als E-Book erhältlich.

Bibliografische Information der Deutschen Nationalbibliothek:
Die Deutsche Nationalbibliothek verzeichnet diese Publikation in der
Deutschen Nationalbibliografie; detaillierte bibliografische Daten sind
im Internet über http://dnb.dnb.de abrufbar.

Illustrationen: Canva

Verlag: BoD · Books on Demand GmbH, In de Tarpen 42,
22848 Norderstedt
Druck: Libri Plureos GmbH, Friedensallee 273, 22763 Hamburg

ISBN: 978-3-7693-1215-7

Gefühle sind weder gut noch schlecht.

Jedes Gefühl trägt seine eigene Wahrheit in sich – weil alles,

was wir fühlen, ein Teil unserer Reise ist.

WENN DEIN LEBEN GERADE

EINE VOLLE TASSE KAFFEE IST,

TAUSCH DOCH MAL DEN KAFFEE GEGEN TEE.

PASS AUF,

DASS SIE NICHT ÜBERLÄUFT.

HÖR AUF NACHZUSCHENKEN, ZU RENNEN,

DENN HEISSES WASSER AUF DER HAUT TUT
ECHT WEH

UND GEH – LIEBER MAL EIN KLEINES STÜCK.

GENIESS DAS AROMA, DEN DUFT

UND DAS GROSSE GLÜCK:

EINE TASSE VOLL TEE,

STATT DIE GANZE WELT ZU HABEN.

INHALT

Eine Tasse voll Glück 11

Kleines Gedicht 16

Jemanden wie dich 20

Zwei Herzen 25

Lieblingskleid 29

Deine Zeit ist jetzt 33

Ich kann so gut allein sein 38

Zwischen den Zeilen 43

Wolkenschloss 46

Pia Löwenherz 51

Embodiment 57

Wegen dir 62

Dein Kompass 66

I don't wanna dance 70

Fantasie 75

Herz im Kopf 78

Eine Tasse voll Glück

<u>W</u>orum es niemals geht:

Ich gebe zu:

Ich hab mich ein bisschen angepasst.

Hab mich kurz gefasst,

in Gesprächen.

Hab mich nicht committed,

hab meine Gefühle abgesplittet.

Hab dir gesagt:

„Mach dir keine Sorgen.

Versprochen – ich meld mich morgen."

Um mich zu melden – weder in diesem Leben,

noch übermorgen.

Hab aufgehört,

kleinen Versprechen zu glauben,

oder den großen.

Besser auf Sand bauen,

als auf dich und deine 100 roten Rosen.

Muss jetzt los – hab keine Zeit,

hab 'ne Pflicht.

Starte gleich meine 24-Stunden-Schicht,

um mein Leben und die Welt zu retten.

Aber: Wie soll das gehen?

Einen Kopf voll mit Ideen

und eine Gesellschaft voller Grenzen.

In der man alles kaufen kann,

nur Lebenszeit nicht.

Ich schätze, ich –

fang mal an zu priorisieren,

wofür noch Platz ist

in diesem Leben.

<u>Worum es eigentlich geht:</u>

In einer Welt,

in der alles möglich ist.

Die voll ist wie ein runder Geburtstagstisch.

Geht es nicht darum,

nachzuschenken.

Den Verstand in immer neuen Büchern zu ertränken.

Oder Entscheidung, um Entscheidung im Meer an

Überfluss zu versenken.

Es geht auch nicht darum, das Herz, wie beim

„Running Sushi", wahllos mit der nächsten Liebe

zu beschweren.

Nein, es geht ums Innehalten,

ums Einkehren.

Werte nicht kopieren,

sondern abgleichen.

Endlich mal den alten, staubigen Kompass eichen.

Der inneren Führung die Zügel reichen.

Und neugierig durch den Lärm im Kopf,

wie ein Gestrandeter über die einsame Insel,

streifen.

Wenn dein Leben gerade eine volle Tasse Kaffee ist,

tausch doch mal den Kaffee gegen Tee.

Pass auf, dass sie nicht überläuft.

Hör auf nachzuschenken, zu rennen,

denn heißes Wasser auf der Haut tut echt weh.

Und geh –

lieber mal ein kleines Stück.

Genieß das Aroma, den Duft

und das große Glück:

eine Tasse voll Tee,

statt die ganze Welt zu haben.

Kleines Gedicht

Warum kann ich erst schreiben,

wenn mein Herz schwer

wie Blei ist?

Und warum kann ich erst weinen,

wenn du wieder mal mit 180 Sachen

über meine Grenzen getrampelt bist?

Warum kann ich dauerscrollen,

aber nicht immer sagen,

was mir fehlt?

Und warum krieg ich nicht gelöst,

was mich schon

seit Jahren quält?

warum kann ich nur schlafen,

wenn das kleine Licht im Flur

nachts brennt?

Und warum höre ich erst mein Herz,

wenn mein Verstand keinen anderen Ausweg

mehr kennt?

Warum kann ich nur nachdenken,

wenn ich doch eigentlich schlafen sollte?

Und warum kommen die besten Ideen

immer, wenn ich mich gerade einmal konzentrieren

wollte?

Warum kann ich nur lesen,

wenn in meiner kleinen Welt kein Unwetter tobt?

Und warum fühlt es sich seltsam an,

wenn ich mich allein vorm Spiegel lob?

Warum mache ich ständig Dinge,

die meine größten Ängste wecken?

Und warum schaffe ich es nicht,

mir meine Ziele etwas kleiner zu stecken?

Warum will ich so viel

und bekomme einfach nie genug?

Und warum hab ich das Gefühl,

Liebe gibt's nur,

wenn man eine Menge dafür tut?

Wir sind so viel

und sehen es so oft einfach nicht.

Und um uns daran zu erinnern,

schreib ich uns dieses kleine Gedicht.

Und um uns daran zu erinnern,

schreib ich uns dieses kleine Gedicht.

JEMANDEN WIE DICH

Als ich am wenigsten geglaubt hab:

„Ich krieg das hin.“

Und mich gefragt hab:

„Hat das alles

überhaupt noch einen Sinn?“

Da bist du in mein Leben gekommen,

hast mich angesehen, an der Hand genommen

und bist mit mir

durch den tiefen See

bis ans andere Ufer geschwommen.

Hast nie gezweifelt,

dass es geht,

oder gefragt,

ob ich es kann.

Hast nur gesagt:

„Wann und wo lang?"

Ja, wenn ich das so genau wüsste,

dann müsste

ich mich das nicht ständig selbst fragen

und hätte nicht dieses flaue Gefühl,

gleich früh morgens, in meinem Magen.

Doch du wusstest das alles nicht,

hattest wohl einen Auftrag, eine Pflicht:

Bedingungslos an mich zu glauben

und mir mal eben so im Vorbeigehen

alle meine Sorgen zu rauben.

Wegen dir bin ich wieder aufgestanden

und hab angefangen,

ein paar Schritte zu gehen.

Kann man denn auf so schwachen Beinen überhaupt

stehen?

Und können diese Füße mich wirklich tragen?

Angst und so viele Fragen.

Aber in deinen Augen

nur Vertrauen und Mut.

Und diese ungetrübte Überzeugung:

Alles wird gut.

Hab ganz vorsichtig,

einen Fuß vor den anderen gesetzt.

Fühlte mich nicht mehr so zerrissen

und gehetzt,

spürte nur Ruhe und Zuversicht,

dass alles, was jetzt passiert, genau richtig ist.

Denn du hast mir mit deinen Worten

Bilder in den Kopf gemalt –

was kommen kann –

und dass es sich immer auszahlt.

Hast mir den allerschönsten Floh

ins Ohr gesetzt:

„Du wirst geschätzt,

gesehen und geliebt."

Deine Worte wie die Sonne,

die sich auch durch die dunkelste

Wolke schiebt.

Jeder braucht jemanden wie dich.

Denn du bringst Licht,

wo es dunkel ist.

Und du machst Mut,

wenn da nur Zweifel sind.

Tust einfach gut,

wenn einem das Leben mal wieder

wie Sandkörner durch die Finger rinnt.

Das Verrückte daran ist:

Du weißt das alles nicht.

Läufst einfach durch die Welt

und schenkst anderen deine Sicht

auf sie und das Leben.

Deswegen möchte ich dir heute etwas zurückgeben:

„Hör bitte niemals damit auf.

Du wirst geschätzt, gesehen und geliebt

und es ist ein Geschenk,

dass es dich auf dieser Erde gibt."

ZWEI HERZEN

Wenn es leise wird zwischen zwei Herzen,

sollte man vorsichtig sein.

Vielleicht ist die Liebe fort,

auf leisen Sohlen.

Oder vielleicht wurde sie auch gestohlen.

Ist irgendwo,

an einem anderen Ort.

Wenn es leise wird zwischen zwei Herzen,

sei auf der Hut.

Denn langes Schweigen tut nur denen gut,

die sich nichts mehr zu sagen haben.

Aber Liebe braucht Worte, Mut –

und Taten.

Wenn es leise wird zwischen zwei Herzen,

gib acht.

Denn dann macht

sich laute Leere breit.

Vielleicht ist es Enttäuschung

oder auch Gleichgültigkeit.

Wenn es leise wird zwischen zwei Herzen,

pass auf.

Vielleicht nimmt das Ganze

einen schnellen Lauf,

und die „Story" ist

„Short", aber ohne „Happy End".

wenn es leise wird zwischen zwei Herzen,
haben wir immer die Wahl:

Den Feigen –
wir können weiter schweigen
und irgendwann leise gehen.

Oder wir bleiben
und voreinander stehen,
sehen uns in die Augen,
nehmen uns an der Hand,
wie auch unser Leben,
und fangen endlich an,

von Herz zu Herz
miteinander zu reden.

LIEBLINGSKLEID

Wenn dir deine Kleider nicht mehr richtig passen,

versuch nicht,

dich reinzuzwängen.

Dich kleiner zu
machen,

sie heißer zu waschen

oder umzuschlagen.

Doppelte Kragen

stehen nicht jedem
gut,

genauso wenig

wie ein viel zu großer Hut.

Mach's wie im Leben:

Mach's dir bequem

und nicht „ganz okay".

Sag nicht „ja" zu Dingen,

die's nicht bringen.

Die schleifen,

wie das rostige Schutzblech

am Fahrradreifen.

Sie sahen doch mal so gut an dir aus?

Das sah auch

das Tattoo, die Meinung, der Ex-Freund und der

Rausch,

von denen du heute froh bist,

sie los zu sein.

Lieber weniger,

dafür mit dir im Reinen.

Auch die schönsten Geschichten und besten Momente

finden irgendwann ihr bittersüßes Ende.

Sie hatten ihren großen Auftritt

auf der Bühne deines Lebens.

Du willst sie unbedingt behalten und aufheben?

Aber bitte nicht wie die alten Kleider in deinem

Schrank.

Sie stauben ein und machen auf Dauer krank,

rauben dir die Luft zum Atmen.

Denn der einzige Grund,

warum sie nicht mehr passen

und du nicht alles flicken solltest,

wie zerbrochene Beziehungen oder Tassen,

ist,

dass du ihnen entwachsen bist.

Wenn dir deine Kleider nicht mehr richtig passen,

versuch nicht,

dich reinzuzwängen.

Dich kleiner zu machen,

sie heißer zu waschen

oder umzuschlagen.

Außer, es ist dein Lieblingskleid.

Dann mach es weiter oder enger und trag es –

heute und bis in alle Ewigkeit.

Deine Zeit ist jetzt

Was wäre, wenn dir gar

kein Antrieb fehlt,

sondern ein Ziel,

das dich wirklich bewegt?

Wenn nicht mangelnde Disziplin das Problem ist,

das dich nachts quält,

sondern die Sehnsucht nach einem Traum,

der dich am Leben hält,

auch wenn alles um dich herum

in tausend Stücke zerfällt?

Wenn du Mut gar nicht brauchst,

sondern Klarheit,

was du vom Leben willst,

damit du endlich im Herzen fühlst,

was es bedeutet,

etwas zurückzugeben?

Wenn's dir nicht an Liebe fehlt,

sondern an der Verbindung zu dir selbst?

Wenn du nachts in den Schlaf fällst,

dich sanfte Dunkelheit umhüllt

und deine Seele mit jeder Nacht

in gleichmäßigen Rhythmus alte Wunden

wegspült?

Was, wenn du erkennst,

du trägst bereits alles in dir,

deine Träume waren die ganze Zeit

nur einen einzigen Schritt entfernt – gleich hier,

neben dir.

Du hast es nur nicht gewusst,

weil für etwas loszugehen manchmal schwerer ist

als ein Leben voll Frust.

Was, wenn du deine Ängste ab sofort begrüßt –

mit einem Lächeln,

wie alte Freunde zum gemütlichen Kaffee triffst

und spürst,

dass du dank ihnen wächst –

und wie die traurige Balkonpflanze nach einem
Sommergewitter

an heißen Tagen langsam wieder erblühst?

Was, wenn du entscheidest:

Heute beginnt's –

mit kleinen Schritten,

die sich da hinten am goldenen Horizont

zu etwas riesig Großem verbinden.

Ja, vielleicht ist heute der Anfang von allem,

wenn du endlich alle Zweifel loslässt und das Leben umarmst,

mit einem breiten Lächeln im Gesicht,

einfach weil du die Entscheidung triffst.

Deine Zeit ist immer nur jetzt.

Für dich, für deine Träume,

für alles, auf das du setzt.

Mit Mut im Herzen beginnt die schönste Reise –

wie diese hier –

auf deine eigene, ganz besondere Weise.

Was wäre, wenn du ab heute lebst,

wie du träumst –

ein Leben voll funkelnder Wunder,

nach dem du mit jeder Faser deines Körpers strebst,

damit du bloß keinen einzigen Atemzug davon

versäumst?

ICH KANN SO GUT ALLEIN SEIN

Der weg vor mir, wie der blaue Ozean

zum Himmel,

will heute kein Ende nehmen.

Ich laufe, alleine,

warum kommt mir das nur so bekannt vor?

Die großen Linden am Straßenrand

wie schweigende Passanten,

lassen mich ziehen

ohne Gruß oder jegliche Warnung.

Denn ich laufe schon wieder

weg vor dem, was mir doch so Angst macht.

Hier war ich schon letztes Jahr,

ich fühl noch, wie verletzt ich war.

Ich kann so gut allein sein.

Aber warum

fühl ich mich dann dabei so klein?

Hab das Gefühl so oft verflucht,

aber wie kommt es dann,

dass ich es doch immer wieder such?

Ich kann so gut allein sein.

Immer wenn ich kurz stehen bleibe

und versuche, auszusteigen,

scheint plötzlich alles auf einmal

mir aus meinen Fingern zu gleiten.

Wie eine Schüssel aus zwei feuchten Händen

oder Sandkörner an weißen Stränden.

Ich frag mich,

warum bin ich

eigentlich nur allein, alleine?

Hier war ich doch letztes Jahr,

ich fühl noch genau, wie verletzt ich war.

Bin ich etwa schon wieder da?

Und ich sag dir:

„Ich kann so gut allein sein."

Und ich schreib dir:

„Ich kann so gut allein sein."

Hab das Gefühl so oft verflucht,

aber wie kommt es dann,

dass ich es immer wieder such?

Ich habe meine Ängste bezwungen,

meine Lieder gesungen,

bin über Abgründe gesprungen,

habe mit alten Geistern gerungen.

wurde still und leise, um danach lauter zu werden,

um in meinem Licht zu scheinen,

musste ein Teil von mir sterben.

Hab mir gute Fragen gestellt,

um bessere Antworten zu finden.

Bin allein geblieben,

um mich aus freien Stücken zu binden.

Und jetzt reichst du mir deine Hand,

doch ich nehm sie nicht an,

weil ich glaub, dass ich allein

nicht verletzt werden kann.

Und ich sag dir:

„Ich kann so gut allein sein.“

Und ich schreib dir:

„Ich kann so gut allein sein.“

Hab das Gefühl so oft verflucht,

aber wie kommt es dann,

dass ich es doch immer wieder such?

Ich glaube, ich kenne es einfach zu gut,

und deshalb kann ich auch so gut

allein sein.

aber wie kommt es dann,

dass ich es doch immer wieder such?

Wir laufen durch diese Welt,

durch diesen Tag, mit schweren Schuhen,

wünschen uns, dass Dinge leichter sind,

dass sie so laufen, wie wir's planen,

wie wir's wollen und doch so oft

in unseren Träumen sahen.

Und dann stehen wir da,

mit leeren Händen,

fühlen uns allein,

denn keiner nimmt uns diese Last,

und keiner hält uns diesen Platz,

den wir uns so sehr erhoffen.

Aber vielleicht -

und nur vielleicht -

sind wir nicht so allein, wie wir glauben.

Denn da draußen, zwischen den Zeilen,

zwischen den Farben und Geräuschen,

sind Zeichen, die flüstern:

"Schau genauer hin."

Vielleicht zeigt der Wind uns den Weg,

den wir immer verpasst haben.

Vielleicht leuchtet eine Straße auf,

die wir nie gesehen haben,

weil wir nur nach vorne starren,

nach "mehr", nach "anders",

ohne zu bemerken,

dass der Weg längst vor uns liegt.

Und ja, es ist schwer,

das alles zu sehen,

in einem Meer aus Chaos,

zwischen den Erwartungen,

zwischen dem Lärm.

Aber was, wenn wir einmal stehen bleiben,

die Augen schließen und lauschen?

Dann sehen wir vielleicht die Zeichen,

die uns sagen:

"Hör auf zu suchen und zu fragen,

du bist längst da, wo du sein sollst

- und dabei immer beschützt

und auch nie nur ein

Stück allein."

WOLKENSCHLOSS

Sie hatte ihm vertraut,

so sehr auf ihre Liebe

gebaut

und fest geglaubt,

sie könnten es wirklich schaffen.

Zu spät erkannt:

Sie bauten ihr Schloss die ganze Zeit

auf wunderschönem, weißem Sand.

Jetzt sitzt sie hier –

auf schweren Koffern voller Erinnerungen,

gepackten Taschen,

kann gar nicht so viele Weinflaschen

trinken,

möchte am allerliebsten

mitsamt Schloss

in den vielen kleinen Sandkörnern versinken,

statt hier allein in ihrem Kummer.

„Weißt du eigentlich, wie verletzend es ist,

so wie du zu mir bist?"

Die Worte verblassen

vor seinem abwesenden Gesicht.

Er wusste es,

doch ändern – konnte er es nicht.

Oder sich.

Und setzte aufs Spiel

dieses unbeschreibliche Gefühl,

das sie beide geschaffen hatten.

So ist es mit manchen Dingen

und Menschen:

Du kannst sie festhalten, um sie kämpfen –

oder du vertraust –

und lässt los.

Ängste, Sorgen, Hoffnungen, die Kontrolle,

die es niemals gab.

Hörst auf, nach anderen zu schauen,

machst dich wieder gerade und groß

für das, was du willst

im Leben.

Du musst nicht immer geben und geben,

du darfst auch nehmen,

Probleme, schwierige Themen

zeigen, heilen –

deine Träume gemeinsam leben.

Du musst nicht immer stark sein,

nicht immer wach und klar.

Wer dich nur so liebt,

war nie wirklich da –

und wird es auch nie sein.

Mach dich nie wieder für einen anderen klein!

Und wenn du den People Pleaser in dir

endgültig killst,

wirst du verstehen:

Es wird immer ohne dich weitergehen –

aber die,

die dein Leuchten sehen,

selbst im Dunkeln,

mit denen wirst du ein Leben lang

tanzen, lachen, funkeln

und mit weit ausgebreiteten Armen

nach hoch oben zu deinem Schloss in den Wolken

fliegen.

Denn: Wahrhaftigkeit wird immer siegen.

PIA LÖWENHERZ

Kennst du Pia Löwenherz –

das kleine Mädchen mit den

lachenden Augen, dem großen Herz

und dem verschmierten Schokomund?

Ihr Leben ist so wild, verrückt und kunterbunt,

dass ich dir unbedingt davon erzählen muss.

Du glaubst bestimmt, ich mach einen Scherz,

aber etwas war anders an Pia Löwenherz.

Denn immer, wenn sie sich ein kleines bisschen

fürchtete,

dass es ihr die kurzen Nackenhaare bis zum

Nachthemd hochbürstete.

Mal war es ein unheimliches Knarren im Keller –

wieso war es da auch nicht heller?

Und mal waren es die funkelnden Augen des Monsters

unter ihrem Bett.

Ja, die kleine Pia bekam ziemlich oft einen Schreck.

Und genau dann,

wenn sie sich noch ein kleines bisschen kleiner als klein
fühlte,

sie die Augen fest verschloss

und sich in Gedanken bis hoch in den Himmel

in die Arme ihrer Mama verkroch.

Dann passierte das Unglaubliche:

Die kleine Pia verwandelte sich – in Pia Löwenherz,

die Mutige.

wenn das geschah –

und, ich würd's nicht glauben,

wenn ich es nicht mit meinen

eigenen Augen sah! –

wuchsen Pia lange Schlappohren und weiche
Hundepfoten.

Und ihr blondes Haar

wurde pechschwarz glänzendes Fell –

mit Ausnahme eines Flecks vorn auf der Brust,

der blieb hell.

Mit dem lila Nachthemd zum Umhang geknotet,

gab's keine Spur mehr von einem Schreck.

Pia, die Mutige, schüttelte sich kurz,

sprang auf vier Pfoten aus ihrem Versteck –

und sieh da:

Alle Monster und gruseligen Geräusche waren weg!

Und auch die Angst war plötzlich gar nicht mehr da.

Na, ist doch klar, weil Pia Löwenherz so

löwenherzmutig war.

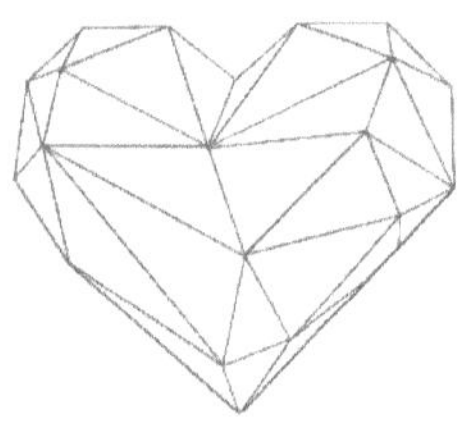

Ja, so ist das mit den kleinen Mädchen und den
mutigen Hunden.

Sie halten zusammen –

in lustigen wie auch in schweren Stunden.

Vielleicht wohnt ja auch eine mutige Pia Löwenherz
in dir.

Dann behalt dir dein Krafttier,

auch wenn du schon groß und erwachsen bist

und ganz genau weißt,

dass da kein Monster unter deinem Bett

nachts wach liegt und heimlich deine Hausschuhe
frisst.

Angst dürfen nicht nur kleine Menschen haben,

sondern auch die großen.

Und das nicht nur mit ausgewachsenen Neurosen.

Vielleicht ist es bei dir ein Selbstzweifel, vielleicht
eine Verletzung oder Kränkung –

für Angst gibt's keine Altersbeschränkung,

und das ist okay.

Mach's wie Pia mit dem starken Löwenherz,

stell dich mutig deinem größten Schmerz,

damit er, wie das Monster unter deinem Bett,

endlich ruhig schlafen kann.

EMBODIMENT

Du – warst immer für mich da.

Auch wenn ich deine Liebe nicht immer sah,

war von Anfang an klar,

dass du mich beschützt.

Hast mich getragen.

Hast gemacht, ohne zu fragen.

Und dich für mich zeichnen lassen – vom Leben,

mit Falten und einer Handvoll Narben.

Und ich?

Ich hab dir mal gesagt,

du musst anders sein.

Bist hier zu groß

und dort zu klein.

Solltest in enge Schubladen passen,

funktionieren.

Dich endlich besser konzentrieren,

fokussieren.

Härter trainieren,

deine Pace bis zur Erschöpfung optimieren,

und immer noch ein bisschen besser sein.

Ich hab Dinge gesagt,

die haben dich verletzt.

Hab deinen Wert

wie auf dem Flohmarkt unterschätzt.

Hab dir Sachen zugemutet,

dich maskiert und, wie die Elbe den Fischmarkt,
überflutet.

Hab mit dir Nächte durchgemacht,

dir am Morgen 'ne Aspirin gebracht

und über deine müden Augen gelacht.

Hab dabei was ganz Wichtiges übersehen:

Damit du bleibst,

muss ich lernen,

deine Botschaften zu verstehen.

Hab's lange nicht kapiert:

Nur DU bist der Grund,

dass meine Seele hier auf dieser Erde

inkarniert.

Du bist –

mein Superheldenkostüm,

in das ich jeden Morgen schlüpfe.

Gibst mir Mund und eine Stimme,

dass ich mich mit dieser Welt verknüpfe.

Bin so dankbar,

was du tust und getan hast für mich.

Dass du mir Augen schenkst,

ein Herz, das auch im allergrößten Schmerz

und ohne Bedingungen für mich schlägt.

Füße, die mich tragen,

zwei Hände – für Berührungen und gute Taten.

Danke, dass ich durch dich lachen, weinen

und umarmen kann.

Dabei tief Luft hole

und mit deinen Ohren lausche,

Mutter Natur, dem Meer

und seinem magischen Klang.

Ich hab heute diese eine Bitte an dich:

Wenn dein Körper mit dir spricht,

sieh es ab heute als deine höchste Pflicht,

ihm zuzuhören.

Denn diesen Körper

wird es für dich in diesem Leben

kein zweites Mal geben.

WEGEN DIR

Wegen dir hab ich oft gezweifelt,

das Herz am rechten Fleck,

doch schwer,

mein Mut war so oft fort.

Hab so viel nicht gewagt,

nicht gesagt,

deine Worte haben mich geprägt,

fühlte mich viel sicherer

in meinem winzig-kleinen Versteck.

Wegen dir hab ich oft geschwiegen,

groß Denken klein gehalten.

Nie getraut, etwas zu wagen,

tausend fremde Zweifel,

die mich bis in das Morgengrauen plagen.

wegen dir hab ich Angst vor Fehlern,

vor dem Fall, vor tiefen Narben.

Nie gewagt, hochzufliegen,

deine Sorgen, wie Bleigewichte,

die mich sanft

wie eine Mutter umarmen.

Heute weiß ich: Ich bin ich und du bist du.

Hör auf mein Herz, hör mir zu,

erkenne, wer ich bin, tief in mir – halb ich und halb
du.

wegen dir hab ich gelernt, dass ich stark bin,

auch wenn meine kleine Welt lichterloh brennt.

Dass ich fliegen kann,

auch wenn's dir Angst macht,

weil du meine wunderschönen Flügel noch nicht

kennst.

Wegen dir hab ich den Mut gefunden,

es anders zu machen, trotz deiner Geschichten und

Wunden.

Weiß jetzt, dass meine Träume zählen, dass ich sie

leben kann – ohne zu wählen

oder mich mit Zweifeln ins nächste Jahr zu quälen.

Wegen dir bin ich jetzt stark,

hab die Angst besiegt,

nachts allein im Park.

Hab gelernt, dass ich mir

vertraue,

auf meine eigene Stimme

alles setze

und ihr auch im Dunkeln blind vertraue.

Dank dir bin ich jetzt frei und trotzdem mit dir

verbunden.

Dank dir hab ich mein Leben endlich selbst gefunden.

Dank dir weiß ich, wer ich bin, und dass ich alles

schaffen kann.

Sing vogelfrei meine Melodie

und lausche dem unverwechselbaren Klang.

Dein Kompass

Deine Augen sehen nicht

das,

was sie sollen.

Sie schauen erst weg,

wenn du ohne Angst bist,

etwas zu bereuen.

Doch weil du immer alles gibst –

sag mir, was passiert, wenn

du dir erlaubst,

deinen Zweifeln kurz zu glauben.

Fällt jetzt dein Haus

mitsamt allen Karten?

Oder macht es noch Sinn,

auf heiter ohne wolkig zu warten?

Du versuchst händeringend,

deine Träume festzuhalten.

Vielleicht muss es schmerzhaft sein,

um dich vorzubereiten.

Es reißt dein Boot los,

deine Ohren rauschen betäubend laut.

Alles, was du weißt,

treibt jetzt im Wasser.

Weil es regnet,

siehst du weder Riff noch Horizont.

Weil du dir vertraust,

umschiffst du es gekonnt.

Deine innere Stimme

als Kompass für alle Lagen

liefert Antworten

auf all deine Fragen.

Aber auch er

verliert den Fokus bei so viel Außen

und ist kurz davor,

im Meer der Möglichkeiten zu ersaufen.

Es reißt dein Boot los,

deine Ohren rauschen betäubend laut.

Alles, was du weißt,

treibt jetzt im Wasser.

Weil es regnet,

siehst du weder Riff noch Horizont.

Doch weil du dir vertraust,

umschiffst du es gekonnt.

„Was machen die anderen?"

Braucht dich nicht zu interessieren.

Außer du willst deine Träume

um jeden Preis verlieren.

„Go for your dreams!“

Ist manchmal leichter gesagt.

Aber wär's nicht so,

wären nicht so viele Träume

für immer geparkt.

Es reißt dein Boot los,

deine Ohren rauschen betäubend laut.

Alles, was du weißt,

treibt jetzt im Wasser.

Weil es regnet,

siehst du weder Riff noch Horizont.

Weil du dir vertraust,

richtest du das Segel

und umschiffst es gekonnt.

I DON'T WANNA DANCE

Hast dein Haus abgerissen.

Neue Zelte aufgeschlagen.

Alte Fotoalben begraben,

deine falsche Identität verkauft.

Hast die Schuld nicht mehr übern Tisch geschoben.

Hast gehofft,

die alten Geister sind mal müde vom Toben.

Aber Yoga ist nur schön,

wenn das innere Kind tief schläft.

Und egal, wie schnell du rennst,

dein Herz, das kennt

kein Tempolimit auf Gefühlsautobahnen

und verbrennt

viel lieber auf dem Seitenstreifen.

Kennt nur eine Strategie,

und die lautet:

„Alter Schmerz, my dear,

der heilt nie!"

Es ertönt ein lauter Gong,

und wie im Film

schallt aus den Boxen dein Favorit-Song.

Aber auf der Bühne, da steht kein starker Ritter,

sondern dein allerliebster Lieblings-Trigger.

Lächelt, wie immer, ein bisschen zu arrogant:

„Komm!"

Du – zögerst kurz, bevor du
sagst:

„Thank you in advance,

but I don't wanna dance."

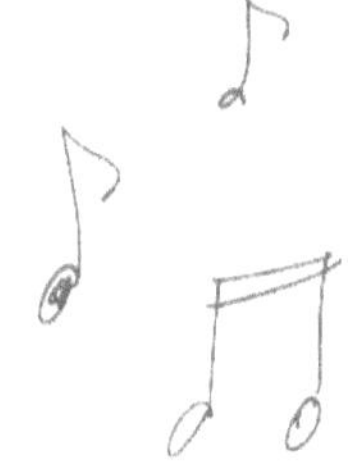

Von Bali bis „Into the wild" –

deine tiefste Wunde lässt es kalt,

wie viel Welt du schon kennst.

Wie viele Therapeuten du verschlingst.

Dass du bei Schnee den höchsten Berg erklimmst,

dabei um deine äußere Haltung

und in Meditation um deine innere Fassung ringst.

Oder ob du mit goldenem Ehering an der Hand 3

Kindern

schlaflose Nächte inklusive neuem Leben schenkst.

Wenn du nicht aufpasst, klingst

du am Ende wie dein eigenes 5-jähriges Ich.

Denn eins,

das hast du nicht bedacht:

Dass, wenn's im Leben zwickt und wehtut,

dein altes Ego laut lacht.

Und – easy peasy – den Autopiloten aktiviert.

wie ein Falke die Maus, deine Gedanken umkreist

und zupackt,

in einem unachtsamen Moment.

Es ist nicht so,

dass dann nichts mehr geht, aber es klemmt,

wird schwer,

und du flehst,

um Dinge,

die du dachtest, längst

verstanden zu haben.

Mit deinem Herz voll

langsam heilender Narben.

Du brauchst heute keine Lösung,

brauchst kein Geheimrezept.

Mach einfach einen step

back, erinner dich: Du bist so stark!

Komm deinem Trigger zuvor, schau ihm tief in die
Augen, und sag:

„Sorry, no chance.

Today, I don't wanna dance –

with you…"

Komm deinem Trigger zuvor, schau ihm tief in die
Augen, und sag:

„Sorry, no chance.

Today, I don't wanna dance –

FANTASIE

Ich schließ die Augen,

tauch ein in eine andere Welt,

wo Gedanken fließen, wie ein Fluss, den kein

Staudamm hält.

Diese Magie, sie lebt in mir, in dir, in uns.

Entfacht ein Licht,

schenkt Farben, Formen, Worte –

bringt uns überall hin,

an fremde Plätze

und noch geheimnisvollere Orte.

Jede Idee, sie sprüht wie Funken im Wind,

spielt mit der Realität, zeigt uns, wer wir wirklich

sind.

Sie bricht durch alle Schranken,

zeigt uns neue Wege, lässt uns anders denken

und uns selbst an die Welt verschenken.

Verse, sie tanzen in meinem Kopf ein Karussell.

Rhythmen, die pulsieren.

Emotionen, wie eine Sternschnuppe, so schnell.

Von der Leinwand bis zum 4. Akt,

sag, spürst du den Beat, diesen Takt?

Jede Linie, jedes Wort –

eine grenzenlose Magie,

die nie versiegt.

Sie bringt uns zusammen,

in einem bunten Mosaik,

verbindet Herz und Seele,

schafft eine Melodie.

In jedem Pinselstrich, in jedem Klang, der vibriert,

lebt die Freiheit, die inspiriert.

Sie kennt kein "Nein" oder "Stopp",

sie wächst und blüht, vom Fuß bis zum Kopf.

Sie ist die Reise, das Abenteuer, der Mut,

verwandelt jeden Zweifel in feuerrote Glut.

Durch Tag und Nacht, führt sie uns durch die Zeit,

in jedem Moment, in jeder Kleinigkeit.

Sie ist der Funke, der die Flamme entzündet,

die Leidenschaft, die uns mit uns verbindet.

Fantasie.

Sie ist wie ein Schlüssel,

der jede Tür aufbricht.

Zeigt uns das Unbekannte,

führt uns ins Licht.

Sie ist der Puls, der unseren Herzschlag lenkt,

die Kraft, die uns erweckt,

und uns ein Leben voller Staunen schenkt.

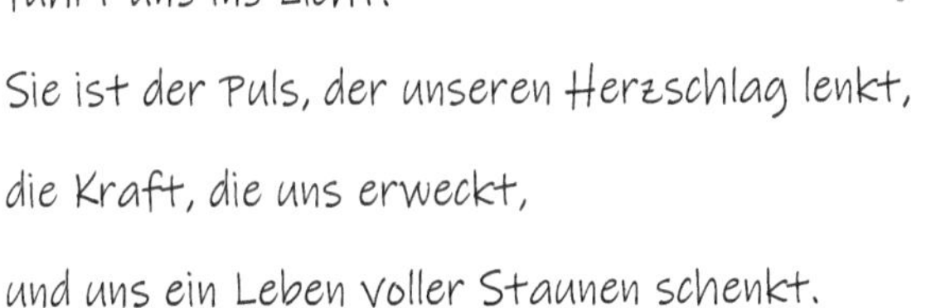

HERZ IM KOPF

Herz im Kopf, das Chaos
perfekt,
Gedanken fliegen, ein Strom,
der hilflos in der Repeat-Funktion
feststeckt.
Wie in deinem Lieblingssong
prallen Gefühle auf Worte,
die von der richtig tiefen Sorte.
Und was bleibt, ist ein endloses Echo,
das rastlos seine Runden dreht.

Denn Herz im Kopf, das heißt doch,
dass Liebe nicht nur im Herzen wohnt.
Bleiben wir von keinem noch so kleinen Schmerz
verschont,

weil Gedanken und Gefühle

weder klein spielen

noch hohe Festungen kennen.

Es heißt, dass wir jede noch so rationale

Entscheidung

mit einem Funken Leidenschaft treffen.

Dass wir vielleicht mit Menschen

aber niemals mit Herzen brechen.

weil wir dort genauso zuhause sind

wie in unserem Kopf –

und tief in uns danach streben,

in nichts weniger als in tiefe Verbindung zu gehen.

Wenn die Welt draußen mal wieder zu laut ist

und alles in mir schreit,

hör ich auf mein Herz im Kopf –

und der dichte Nebel lichtet sich

zu so etwas wie Klarheit.

Hab wieder Luft zum Atmen,

spür mich wieder

und fühl mich ein kleines bisschen mehr

befreit.

Also lebe ich mit Herz im Kopf,

lass es laut klopfen

und die Gedanken weit fließen,

finde in jedem Tag einen Tropfen

oder Ozean an Mut,

um das Leben in all seinen Farben zu genießen.

Herz im Kopf, das Chaos perfekt,

doch in diesem Durcheinander

finde ich mich selbst,

entdecke Sinn und Zweck,

und merke: Es geht nicht ums Ankommen,

sondern ums Laufen.

Ums Machen, Lachen, tief Durchatmen – und darum,

jeden Tag ein kleines bisschen

in der Sonne zu verschnaufen.

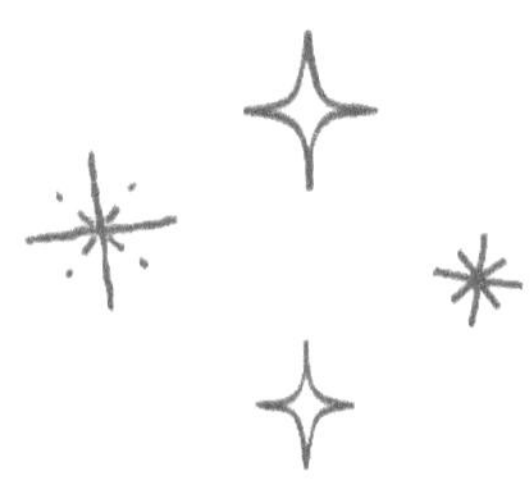

WAS WÄRE,

WENN DU AB HEUTE LEBST,

WIE DU TRÄUMST –

EIN LEBEN VOLL FUNKELNDER WUNDER,

NACH DEM DU MIT JEDER FASER DEINES

KÖRPERS STREBST,

DAMIT DU BLOSS KEINEN EINZIGEN

ATEMZUG DAVON VERSÄUMST?

EINE KLEINE BITTE ZUM SCHLUSS:

Wenn dir die Texte in diesem Buch gefallen haben, würde ich mich riesig über eine positive 5-Sterne-Bewertung auf Amazon & Co. freuen.

Damit unterstützt du mich dabei, noch mehr Menschen zu erreichen und ihnen zu zeigen, dass sie nicht allein sind mit dem, was sie fühlen.

Danke. Es ist so schön, dass es dich gibt.

Deine Lisa